J 23108

I0111512

EPITRE

AUX

MONARQUES DU NORD

QUI SE SONT RÉUNIS EN CONGRÈS

A MUNCHENGROETZ,

Ou Réfutation du système de la Ste-Alliance, tel qu'il ressort des résolutions de la Conférence de Vienne.

SUIVIE

D'UN APPENDICE CONTENANT QUELQUES RÉFLEXIONS SUR LES CIRCONSTANCES RÉCENTES SURVENUES DEPUIS LA RÉDACTION DE CETTE ÉPITRE, ET ACCOMPAGNÉE DE NOTES CURIEUSES ET INSTRUCTIVES;

PAR

L'auteur de l'*Essai sur la pacification générale et l'équilibre politique de l'Europe*;

OUVRAGE QUI A PARU EN 1829, A PARIS, PLACE DE LA BOURSE, CHEZ DUBREUIL, LIBRAIRE.

> Est modus in rebus; sunt certi deniquè fines,
> Quos ultrà citràque nequit consistere rectum.
>
> HORACE, *sat.* I, livre. I.

> Il est une manière d'être en toute chose, de même qu'il existe de certaines bornes au-delà et en-deçà desquelles le juste et le vrai ne sauraient trouver place.

A PARIS,

CHEZ LECOINTE ET POUGIN,

QUAI DES AUGUSTINS, N° 49.

MARS 1834.

ÉPITRE

AUX

MONARQUES DU NORD.

23508

Poitiers. — Imp. de F.-A. Saurin.

EPITRE

AUX

MONARQUES DU NORD

QUI SE SONT RÉUNIS EN CONGRÈS

A MUNCHENGROETZ,

Ou Réfutation du système de la Ste-Alliance, tel qu'il ressort des résolutions de la Conférence de Vienne.

SUIVIE

D'UN APPENDICE CONTENANT QUELQUES RÉFLEXIONS SUR LES CIRCONSTANCES RÉCENTES SURVENUES DEPUIS LA RÉDACTION DE CETTE ÉPITRE, ET ACCOMPAGNÉE DE NOTES CURIEUSES ET INSTRUCTIVES;

PAR

L'auteur de l'*Essai sur la pacification générale et l'équilibre politique de l'Europe;*

OUVRAGE QUI A PARU EN 1829, A PARIS, PLACE DE LA BOURSE, CHEZ DUBREUIL, LIBRAIRE.

> Est modus in rebus; sunt certi deniquè fines,
> Quos ultrà citràque nequit consistere rectum.
> HORACE, *sat.* 1, livre. 1.

> Il est une manière d'être en toute chose, de même qu'il existe de certaines bornes au-delà et en-deçà desquelles le juste et le vrai ne sauraient trouver place.

A PARIS,
CHEZ LECOINTE ET POUGIN,
QUAI DES AUGUSTINS, N° 49.

MARS 1834.

DÉDICACE

A

L'OPINION PUBLIQUE.

Dans la poursuite du but constant de mes vœux et de mes efforts, depuis que j'écris sur quelques sujets d'intérêt public, je veux dire la consolidation de la paix générale dans toute l'Europe, par le rétablissement des rapports qui doivent perpétuellement attacher les peuples à leurs souverains et les souverains à leurs peuples, rapports qui, dans ces derniers temps, et surtout aujourd'hui, semblent, sinon moralement rompus, au moins fortement ébranlés, j'ai cru devoir adresser aux Monarques de l'Europe continentale, dans la personne de ceux de ces souverains qui se sont naguère réunis en congrès à Théréssienstadt et à Munchengrœtz, une épître intitulée : *Epître aux Monarques* du Nord.

Les très-respectueux mais très-sincères avis que j'ose leur présenter, autant dans leur intérêt que dans celui des peuples soumis à leur gouvernement, sont puisés dans le désir de resserrer, pour le bonheur de l'humanité, les liens trop relâchés qui doivent les unir, par une alliance intime et réciproquement avantageuse, qui constaterait, d'une manière fixe et stable, les droits et les devoirs des peuples et des rois.

Aujourd'hui que cette Épître est prête à être livrée à l'impression (elle était rédigée depuis le mois de novembre dernier, mais la nouvelle direction de la tenue des congrès, autre que celle que faisait espérer le congrès monarchique de Munchengrœtz, m'a obligé de suspendre la publication de mon Épître, et d'y ajouter quelques réflexions, pour ne pas me trouver en contradiction avec les faits accomplis); aujourd'hui, dis-je, qu'elle est prête à livrer à l'impression, je ne dois pas hésiter à la dédier à l'opinion éclairée de la France, ma patrie, et à celle des autres peuples de l'Europe.

Un homme de beaucoup d'esprit, dont l'habileté diplomatique a été portée jusqu'au raffinement, disait, dans l'intimité d'une conversation intéressante : « Je connais quel-
» qu'un qui a plus d'esprit que tels, tels et
» tels, plus d'esprit que Louis XVIII et que
» Bonaparte; et ce *quelqu'un c'est tout le*
» *monde.* » Ce mot est profond et vrai, il restera; il ne pouvait pas mieux personnifier l'opinion publique. C'est aussi à ce *quelqu'un* que je m'adresse, et qui m'entendra; c'est sous ses auspices et sous sa haute protection que cet écrit fera son entrée dans le monde politique.

Mon *Essai sur la pacification générale*, etc., n'était, en réalité, selon l'heureuse expression d'une dame de mérite et d'un esprit cultivé, qu'un *balon d'essai.* Mon *Épître aux Monarques*, inspirée par des événemens graves, ne contient que des réflexions de morale politique applicables au gouvernement des peuples, la morale et la philanthropie devant toujours être la boussole des bons rois. Ils n'oublient pas la poule au pot du bon Henri IV, de glorieuse et bienfaisante mémoire. Ils prennent pour modèle le vertueux et sage Louis XII, surnommé à juste titre *le Père du Peuple*.

Ils se rappellent aussi la conduite généreuse et toute de bienfaisance du roi de Pologne Stanislas Lecksinski, le *Titus* du 18e siècle, ce prince philosophe, religieux sans superstition, ami des sciences qu'il cultivait dans ses loisirs, et des arts qu'il faisait servir à l'utilité des peuples confiés à sa paternelle administration, qui fut pendant sa vie les délices de la Lorraine, et dont la mémoire est encore aujourd'hui en grande vénération dans toute cette province. Il était compatissant pour les malheureux, ayant éprouvé lui-même des malheurs; il pouvait dire, comme la reine de Carthage : *Non ignara mali miseris succurrere disco*. Son élévation au trône de Pologne, dont il fut précipité par son concurrent, jette encore un grand éclat sur la vie et le règne de l'ancien roi de Suède Charles XII, de glorieuse et chevaleresque mémoire.

Pour revenir à mon Épître, j'espère qu'elle donnera naissance à quelques ouvrages mieux traités que celui-ci, et écrits par des publicistes plus habitués à discuter sur ces hautes matières.

Allez, mon livre, suivez la carrière que vous êtes destiné à parcourir; voyagez librement au milieu des nations libres, chez qui la liberté d'écrire et de publier ses pensées n'est pas une vaine formule. Si vous pénétrez chez les peuples qui ne jouissent pas encore de cette liberté, soyez prudent, et tâchez d'éviter les mille agens de police qu'on ne manquera peut-être pas de lancer à votre poursuite, par la raison que ceux qui trompent les rois, craignent la vérité, et ne la laissent pas parvenir jusqu'à eux. Si vous tombez entre des mains amies, réveillez en eux l'espérance d'un meilleur avenir; si, au contraire, dans des mains ennemies, souvenez-vous que l'honneur passe avant tout;

faites preuve de courage civil. Vous répondez d'avance à toutes les chicanes de mauvaise foi qui vous seraient suscitées, par ce seul mot : *vérité sans fard*, comme dit Horace : *nudaque veritas*, énoncé sans amertume avec une ferme modération ; après cela, dites comme l'homme d'honneur : « Fais ce que tu dois, advienne que pourra. »

En publiant cette Épître, si je n'ai pas fait un bon ouvrage, question que j'abandonne avec confiance à la véritable opinion publique, j'ai du moins la conscience intime d'avoir fait une bonne action, et d'avoir rempli un devoir d'honnête homme et de bon citoyen. Je dirai ensuite comme le plus grand orateur de l'ancienne Rome : *Defendi rempublicam* (1) *adolescens*, *non deseram senex*.

(1) L'expression de *rempublicam* est prise ici dans son application pour le mot *patriam*.

PRÉLIMINAIRE.

Parmi les personnes qui liront cet écrit, il en est, sans doute, un certain nombre qui, après avoir jeté un coup d'œil rapide sur cette esquisse, où j'indique quelques principes d'améliorations sociales, tout en rendant justice aux bonnes intentions, à la pureté des sentimens de l'auteur, seront tentés de le considérer comme un visionnaire, comme un rêveur politique. Ils diront de l'ouvrage que c'est une voix qui crie dans le désert : *vox clamantis in deserto*. Ils pourront avoir raison sous certains rapports, sous celui, par exemple, des vérités fortes que cet écrit fait retentir, et qui pourraient bien rester stériles; mais cela ne doit pas les empêcher de gronder comme le tonnerre, en attendant qu'elles produisent un effet salutaire. Ils pourront même assimiler mon Épître au projet de *paix perpétuelle* du bon abbé de Saint-Pierre, projet qui fut, à l'époque où il parut, et même long-temps après, traité de rêve d'un homme de bien.

Il n'est point étonnant qu'à l'époque où cet écrivain philosophe et religieux faisait paraître une conception aussi philanthropique, et avait, sans doute, la bonne foi, pour ne pas dire la bonhomie, de croire à la possibilité de son exécution, il se fût attiré les sarcasmes et la critique aigre-douce de ses contemporains, lui, surtout, qui était si éloigné de partager la corruption morale du siècle où il écrivait. C'était, si mes souvenirs ne me trompent pas, au dix-septième siècle, époque où les connaissances philosophiques, morales et politiques, n'avaient pas encore acquis un grand développement, et n'étaient comprises que d'un petit nombre de penseurs philosophes et de moralistes profonds, qui s'occupaient de ces hautes questions, dans l'espoir de réformer leur siècle et de préparer la réforme des époques qui devaient suivre.

Sans doute, la classe de lecteurs à laquelle je fais allusion n'aura pas réfléchi, à une époque où on lit beaucoup et où l'on réfléchit peu, par la raison qu'on n'a pas le temps de digérer ses lectures, et où l'on est accablé de pamphlets, de brochures, d'écrits, de journaux de toute espèce qui jaillissent en quelque sorte, et continuellement, des presses françaises, anglaises et allemandes.

Qu'on me permette ici une simple question. Cette surabondance d'écrits de toute nature, parmi lesquels il s'en trouve un grand nombre qui portent la lumière dans les questions les plus abstraites, dans le dédale des faits historiques, dans les théories de l'économie politique, dans les notions sur les meilleures méthodes d'agriculture, d'industrie commerciale, manufacturière, et d'astronomie applicable à la navigation; cette surabondance, disais-je, est-elle un bien? est-elle un mal? Je n'hésite pas à me prononcer pour la première question, malgré les inconvéniens, assez peu importans, que je viens de signaler. Il vaut mieux être accablé d'une trop grande masse de lumières, parmi lesquelles les lecteurs réfléchis, les moralistes judicieux, les penseurs philosophes, les publicistes profonds trouvent des documens satisfaisans pour donner quelques développemens aux objets de leurs pensées; il vaut mieux, dis-je, être entouré de trop de lumières que de végéter dans une obscurité profonde.

Je disais donc qu'une certaine classe de lecteurs n'aura, sans doute, pas réfléchi à la différence immense qui doit exister entre un projet politique écrit au 17e siècle et une épître inspirée par les graves événemens qui se déroulent sous nos yeux, et par le désir de faire connaître des vérités trop long-temps méconnues, dont la manifestation peut être utile et donner lieu à des développemens qui pourraient être présentés par des plumes plus exercées que la mienne, et par des publicistes plus habitués à traiter ces matières importantes; entre un projet impraticable et une *Épître aux Monarques*, esquissée la trente-troisième année du 19e siècle.

Le projet de paix est formulé en articles, comme les traités de paix ordinaires, en tête desquels on ne manque jamais d'insérer qu'il y aura désormais, et *à perpétuité, paix, amitié et bonne intelligence* entre tels et tels souverains, et où, presque toujours, on invoque la très-sainte et indivisible Trinité.

La politique des souverains, à cette époque, n'avait guère d'autre objet que d'arrondir ou d'étendre leurs domaines, les uns aux dépens des autres, ou de faire valoir de prétendus droits de succession immédiate ou éventuelle sur telle ou telle province, quelquefois sur des royaumes entiers, et sous d'autres prétextes, comme nous l'avons vu lors de la guerre de la succession d'Espagne et du partage de la malheureuse Pologne.

Les guerres continuelles qui agitaient l'Europe n'étaient que des guerres de dynasties, auxquelles les peuples ne prenaient d'autre part que d'en supporter les frais, les malheurs et les dévastations. *Quidquid delirant reges plectuntur Achivi.* Les Grecs sont punis de la folie de leurs rois.

Les mœurs de cette époque n'étaient pas meilleures que la politique et l'administration des cabinets. La morale relâchée de la cour de France, qui descendait presque jusqu'aux dernières classes de la société, ne se dérobait aux yeux clairvoyans des courtisans que par le décorum de l'ancienne étiquette, et était à peine couverte du voile transparent de la pudeur publique.

Plusieurs siècles avant cette époque, Michel Montaigne avait, à la vérité, dans ses *Essais*, ouvrage si spirituel, empreint d'une philosophie si supérieure à son siècle, donné à ses contemporains quelques notions du droit naturel et du droit public des peuples, dans un style original et piquant, avec ce laisser-aller sans prétention qui caractérise l'homme de génie, et avait stygmatisé d'un vernis de ridicule amer les mœurs et les usages féodaux qui régnaient de son temps avec toute leur force.

Au commencement du 18e siècle, Montesquieu, dans son immortel *Esprit des Lois*, avait soulevé un coin du voile qui couvrait les droits des peuples et les devoirs des rois dans les fonctions du gouvernement des nations. Ce grand publiciste et véritable homme d'état avait été obligé, sous peine de ne pouvoir mettre au jour le fruit de ses laborieuses méditations, de s'envelopper d'une métaphysique profonde, peu à la portée du commun de ses lecteurs, métaphysique présentée dans un style concis, avec une logique serrée et une série d'idées fortes, dont on n'aperçoit pas la liaison au premier coup d'œil, parce que les idées intermédiaires et transitoires n'y sont pas exprimées.

L'esprit d'analyse, la logique de l'expérience et des faits, grâce aux progrès et à la diffusion des lumières en tout genre, ainsi qu'à la marche toujours progressive de la civilisation moderne, ont mis à même les hommes de notre siècle de mieux comprendre, d'apprécier, dans toute sa portée et ses conséquences les plus éloignées, l'ouvrage profond de ce savant écrivain.

Nous avons dit, et nous répétons ici, qu'il n'est pas étonnant que le projet de l'abbé de Saint-Pierre ait été, dans le temps, accueilli avec défaveur, et même avec une certaine répugnance.

Au reste, quel rapport de similitude peut-il exister entre un pareil projet et une épître, dans laquelle, mettant de côté toutes les théories politiques et tout esprit de parti, je démontre, par une série de faits et d'événemens déplorables, les funestes conséquences d'un faux système, non-seulement affligeant pour les peuples, mais préjudiciable à la dignité, à l'honneur et à la sécurité des souverains, et où je propose aux chefs des nations de changer leur système gouvernemental, en prenant la morale universelle et la justice distributive pour leur principal point de départ? Je sens bien qu'il est difficile de revenir sur ses pas d'une manière aussi tranchée, de se livrer immédiatement à des innovations qui sortent, d'une manière aussi notable, des anciennes habitudes contractées de longue main, et auxquelles sont attachées tant d'existences personnelles; mais cela est loin d'être impossible, si on en sent le besoin, et si on a la ferme volonté de mettre la main à l'œuvre, avant que le temps et la force des choses ait emmené ce grand résultat.

C'est en cherchant à prévenir ces objections

qu'il m'est venu un instant à l'idée d'ajouter à mon Épître ce second titre : *Un rêve qui n'en est pas un ;* mais, après y avoir réfléchi, j'ai cru devoir y renoncer, par le motif que les matières qui sont traitées dans cet écrit, et les questions qui y sont soulevées, sont trop importantes pour y placer un titre qui paraîtrait un jeu de mots peu convenable à la gravité du sujet.

ÉPITRE

AUX

MONARQUES DU NORD

Qui se sont réunis en congrès

A MUNCHENGROETZ.

Puissans Monarques,

L'AUTEUR de l'*Essai sur la pacification générale et l'équilibre politique de l'Europe*, ose présenter à vos hautes puissances l'hommage de son profond respect, et celui de quelques avis qu'il croit salutaire et utile d'offrir à vos nobles méditations ; ils sont puisés dans le désir sincère de travailler, selon ses faibles moyens, à l'intérêt de votre plus solide gloire, de la consolidation des trônes sur lesquels vous êtes assis, de votre sécurité, de votre bonheur personnel, qui est inséparablement lié à la félicité des peuples, dont le gouvernement vous est confié comme un dépôt sacré, et dont vous aurez à rendre compte un jour devant Dieu et la postérité sévère qui vous attend.

Celui qui, mû par ces grands motifs d'humanité, de justice et d'intérêt social, vous adresse de telles paroles, avec le désir de vous aider à sauver et à raffermir le principe monarchique, en le dégageant de tout ce qui le rend odieux aux peuples de l'Europe, ne désespère pas qu'après avoir jeté les yeux sur l'ouvrage qu'il croit utile de publier, vous daignerez l'entendre, non-seulement avec indulgence, mais encore avec une certaine faveur, malgré les vérités non déguisées que sa conscience, comme ami de ses semblables et de l'ordre public, lui fait un devoir de faire connaître.

Puisque la vérité ne peut que difficilement se faire jour au travers de l'atmosphère épaisse de flatterie, d'ambition et d'hypocrisie politique dont vous êtes malheureusement circonvenus, il faut bien de toute nécessité qu'elle vous parvienne du dehors, et par l'organe de vos véritables amis.

Incedo per ignes suppositos cineri doloso.

Considérez de sang-froid, grands Monarques, dans quel abîme de malheurs vos conseillers intimes, vos conseillers privés, votre diplomatie ténébreuse et machiavéliquement perturbatrice vous ont plongés; quel ébranlement ils ont fait éprouver à votre autorité morale et politique !

Les dépositaires de votre immense pouvoir, hommes à courte vue, à génie étroit, sans portée et sans prévoyance, ont accumulé contre vous des mécontentemens qui s'augmentent et s'étendent sans cesse. Ils n'ont pas aperçu les nuages lointains, précurseurs des orages et des tempêtes politiques, produits par ces mécontentemens. Prenant les effets pour les causes, ces hommes, aveuglés par leur orgueil, ont prétendu imposer des bornes à la pensée humaine, et comprimer le ressort de l'intelligence. Véritables révolutionnaires de l'époque, ils ont érigé la terreur en système; ils n'ont pas craint, pour écarter les orages qu'ils avaient créés comme à plaisir, d'inspirer à leurs maîtres des vengeances atroces, des supplices sans cesse renouvelés, et de multiplier à chaque instant le nombre des victimes humaines, prises de préférence dans ce que la société européenne a de plus illustre, de plus sage et de plus éclairé. Ils ont attiré sur nos têtes la vengeance divine, et réalisé, en quelque sorte, la pensée religieuse du poète philosophe qui écrivait sous le règne d'Auguste ces paroles mémorables : *Cœlum ipsum petimus stultitiâ, neque per nostrum patimur scelus iracundia Jovem ponere fulmina ;* paroles qui paraissent avoir été écrites à l'occasion du dernier triumvirat de Rome (1), dont les membres s'étaient sacrifié mutuellement leurs ennemis personnels, et les hommes qui faisaient obstacle à leur ambition naissante.

Grands Souverains, écoutez la voix gémissante de vos peuples, des peuples de l'Europe, et des autres contrées soumises à votre domination ou à votre influence plus ou moins directe; écoutez la voix de tous ces peuples qui vous crient, dans leur affliction : « Soulagez nos misères ; soyez nos » protecteurs, nos appuis; soyez nos vengeurs » contre nos ennemis, contre les ennemis de notre » bonheur et de notre repos, contre des agens qui, » en votre nom, et sans doute à votre insçu, dé» vorent toutes nos ressources, s'engraissent de nos » sueurs et de notre sang. Soyez, en un mot, nos » bienfaiteurs. Si Dieu vous a confié le gouverne» ment des peuples qui vous sont soumis, ce n'est » sans doute qu'à cette condition expresse. Voilà, » souverains Monarques, la seule et véritable lé» gitimité applicable au gouvernement des peu» ples.

» Remplacez vos sceptres de fer, qui vous ac» cablent vous-mêmes, par des sceptres plus lé» gers et paternels ; substituez au bâton de la force » la houlette du berger, nous vous serons alors

» non-seulement soumis, mais bien sincèrement
» affectionnés. Laissez-nous paître tranquillement
» dans nos gras pâturages.

» Persuadez-vous que notre voix unanime, et
» qui s'élève simultanément de toutes les contrées,
» est véritablement la voix de Dieu lui-même. »

Il est temps, puissans Monarques, et le temps presse vivement, que vous changiez votre système politique; il est temps que vous fassiez régner la vertu, la justice, et une bienveillante modération sur vos trônes, sur les différens degrés de vos trônes, et dans vos conseils. Il est temps que la morale universelle préside à votre politique gouvernementale; et j'entends par morale universelle, cette morale que Dieu a mise dans les cœurs et dans la conscience de tous les hommes, qui est une véritable émanation de la divinité, qui appartient à tous les peuples, à tous les temps, à toutes les latitudes, ainsi qu'aux divers cultes du monde; il est temps, disons-nous, que la morale préside à tous les actes de votre administration. Substituez à vos polices tracassières, inquisitoriales, provocatrices et décevantes, une police de sûreté, de protection et de justice impartiale.

Hâtez-vous, souverains Chefs des nations, de sortir de la position précaire que vous ne vous êtes pas faite, mais où vous avez été engagés par votre trop longue persévérance dans un système de terreur, qui, peut-être, commence à réagir contre vous ; abandonnez-le pour entrer dans de meilleures voies.

Un vénérable prélat des Gaules, inspiré par le génie du christianisme, était parvenu à convertir au culte chrétien un des premiers rois de cette belle contrée que nous avons le bonheur d'habiter ; il adressa à Clovis, étant à la tête de ses légions victorieuses, les paroles suivantes : « Fier Sicambre, » brûle ce que tu as adoré, adore ce que tu as » brûlé. »

Ecoutez les mêmes inspirations ; rétablissez ce que vous avez détruit, et détruisez ce que vous avez si péniblement et si laborieusement établi : ce régime de la force brutale, cet échafaudage d'oppressions sur oppressions, de despotismes sur despotismes.

Ce sont les fabricateurs de ce système monstrueux, suivi jusqu'ici avec une trop cruelle persévérance, qui vous ont entraînés, comme malgré vous, à commettre l'énorme faute politique, l'immense crime contre l'humanité, de la destruction presqu'entière d'une nation héroïque. Vous êtes chrétiens, puissans Monarques, et vous n'avez pas hésité à livrer à un anéantissement complet une nation chrétienne, qui a été, à différentes époques, le plus ferme boulevart de la chrétienté ; et cela sous le prétexte d'une révolte, que vos refus constans de redressement de leurs griefs antérieurs, dont ils ne vous demandaient à genoux que la plus légère satisfaction, avaient rendue unanime dans leur sublime désespoir. Vous n'avez pas craint d'employer les forces de la barbarie asiatique dont vous pouviez disposer, celles de votre immense empire, et l'attitude menaçante de vos plus puissans alliés, pour consommer ce grand crime, presque irréparable ; pour détruire, autant qu'il était au pouvoir de vos dangereux conseillers la civilisation, qui pourtant se fait jour, malgré leurs efforts, et au milieu de tous les obstacles.

Je ne doute nullement, Monarques chrétiens, que ce grand crime, qui vous a été suggéré par vos conseillers et l'ambition de vos généraux, ne vous laisse aujourd'hui des regrets amers, même des remords, et le désir sincère de réparer, autant qu'il est en vous, les malheurs auxquels le mauvais système que vous avez adopté et fait exécuter, joint aux suggestions perfides auxquelles vous avez cédé, vous ont entraînés.

S'il en était autrement, ce que je ne puis pas me persuader, malheur à vous, puissans Monarques ! Craignez d'éprouver le sort que le souverain arbitre des rois et des peuples fit subir au puissant oppresseur des Babyloniens, selon ce que rapporte le texte de la sainte Ecriture : « *Vidi im-*

» *pium super exaltatum et elevatum sicut cedros*
» *Libani, transivi et ecce non erat.* »

J'ai vu l'impie adoré sur la terre :
Parcil au cèdre, il cachait dans les cieux
Son front audacieux ;
Il semblait à son gré gouverner le tonnerre,
Foulait aux pieds ses ennemis vaincus.
Je n'ai fait que passer, il n'était déjà plus.
(*Traduction de* Racine le jeune.)

Puissans et malheureux Monarques, aussitôt que cette épouvantable catastrophe fut consommée, vos conseillers osèrent s'en féliciter comme d'un triomphe, et s'en glorifier comme étant leur ouvrage ; ils firent écrire, et votre diplomatie ne manqua pas de répéter ces paroles menaçantes pour les autres peuples, ces paroles qui caractérisent tout un système : « *La tranquillité est rétablie en Pologne.* » Et ce qu'il y a de plus déplorable, c'est qu'elles ont eu des échos dans le reste de l'Europe. Oui, sans doute, la tranquillité est rétablie, mais la tranquillité des tombeaux : *Ubi solitudinem fecerunt, pacem appellant.*

Souverains Monarques, l'Europe éclairée et attentive a salué d'un sourire d'approbation la résolution que vous avez prise de vous réunir en personne sur quelques points de la Bohême, pour vous livrer à des conférences ayant pour but le maintien de la paix générale, et probablement d'apporter quelques modifications importantes au système que vous avez suivi jusqu'à présent, et dont vous avez senti toute la défectuosité. Elle regarde comme d'un bon augure que, dans les conférences que vous avez tenues, d'abord entre les deux principaux souverains de l'empire germanique à Thérésienstadt (2), et ensuite à Munchengrœtz entre trois souverains, le puissant monarque de toutes les Russies s'étant réuni à vous, vous n'ayez admis à vos conférences aucun ministre ni diplomate, à l'exception du digne ministre du sage et pacifique roi de Prusse, lequel ministre, second Sully, par la sagesse de ses conseils, ses vues généreuses et prévoyantes, et qui est si bien apprécié par son souverain, était bien digne d'une telle préférence. C'est peut-être, et très-probablement, à ce sage ministre du sage roi des Prussiens, c'est à l'influence politique de cet homme vertueux, qui a lutté avec une fermeté inébranlable contre la faction guerrière en Prusse, et dont on peut dire avec Horace : *Justum et tenacem propositi virum, non civium ardor prava jubentium, non vultus instantis tyranni mente quatit solidâ* (3) ; c'est à l'influence morale et religieuse de cet illustre pontife du culte évangélique, que l'Europe doit le maintien de la paix générale dont elle a joui jusqu'à présent ; ce sont peut-être, en grande partie, ses conseils salutaires, et la bonne direction qu'il a su imprimer au cabinet de Berlin, qui ont empêché cette paix armée et sans cesse menaçante d'éclater en guerre générale.

Encore quelques mois, et l'Europe va connaître le sort qui lui est réservé; elle va sortir bientôt de cette alternative de paix et d'amélioration générale, ou de guerre générale civile et étrangère : Dieu veuille que ce terrible fléau soit détourné de dessus nos têtes! Les symptômes précurseurs de l'une ou de l'autre de ces deux hypothèses ne se feront pas long-temps attendre.

Le monde moral est gouverné par deux génies, le génie du bien et le génie du mal. Les passions viles, l'égoïsme, la cupidité, la basse jalousie, la soif démesurée des richesses, l'ambition du pouvoir comme moyen d'en acquérir, l'orgueil, non ce noble orgueil qui élève l'âme, et porte l'homme à de grandes choses, à des sentimens généreux, mais cet orgueil, fruit de l'ignorance et de la petitesse d'esprit, qui se fonde sur le mépris de ses semblables; toutes ces passions appartiennent au second. Les vertus privées et publiques, la sagesse, la justice, la modération, et cette bienveillance universelle, qui se nomme communément philanthropie, ou amour de l'humanité, sont l'apanage du premier de ces génies, ou principe du bien, comme le second est le principe du mal. C'est entre ces deux principes opposés que le monde moral, politique et religieux, est tiraillé en sens contraire; c'est de ces deux principes, comme d'une double source, que découlent le juste et l'injuste, la vérité et le mensonge, la liberté légitime et l'oppression. J'appelle liberté légitime, cette liberté qui est conforme à la loi naturelle et qui en dérive essentiellement, que les théologiens ont nommée le *libre arbitre*, et sur lequel il s'est élevé, ainsi que sur *la grâce*, tant de controverses oiseuses, tant de disputes de mots, qui ne laissent aucune idée fixe dans l'esprit, faute de s'entendre sur la définition des termes. C'est ce qui me fait sentir la nécessité de définir le terme générique de *liberté*, sur lequel on a aussi beaucoup disputé et on dispute encore tous les jours. Cette liberté naturelle est, en effet, le principe de la vie intellectuelle de l'homme; elle donne à ses actions la moralité qui en fait le mérite. Otez la liberté, où se trouvera ensuite la moralité qui la fait juger bonne ou mauvaise? Où il n'y a pas liberté de choisir entre le bien et le mal, l'action qui résulte de ce défaut de liberté est une action purement indifférente, une action matérielle et passive.

Le despotisme, tout impuissant qu'il est, fait des efforts inouïs pour anéantir la liberté, sous le prétexte d'en réprimer les abus. Vains efforts, qui font tourner les abus de la liberté, les excès de la licence, du côté des pouvoirs arbitraires et despotiques.

Il n'y a point de moyen terme entre des effets et des causes si opposés, nulle capitulation possible entre le bien et le mal. Le génie ou principe du mal a été personnifié par la théologie du polythéisme, sous le nom de Pluton, escorté des Furies vengeresses; et par la théologie chrétienne, mais d'une manière allégorique, sous les noms de Démon, de Satan, d'Esprit tentateur et diabolique.

Dieu a mis dans le cœur de l'homme une voix secrète qui lui rappelle sans cesse son devoir et sa destination ; cette voix est proprement dite la conscience ou la conviction intime, le savoir de ce qui se passe dans notre intérieur : c'est cette voix secrète que Dieu a donnée à l'homme, comme un guide dans sa conduite, comme une boussole au milieu des écueils. Cette voix est souvent étouffée par les sophismes des passions humaines, par l'étourdissement des méchans, par l'endurcissement des hommes dépravés.

Quel est celui des deux principes qui l'emportera dans les circonstances où se trouve l'Europe ? L'avenir seul décidera cette question, avec cette différence, néanmoins, que le triomphe du mauvais génie ne serait, à coup sûr, que momentané.

En attendant ce moment décisif, jetons un coup d'œil en arrière pour mieux apprécier l'avenir par les circonstances du passé, et celles que le présent peut faire préjuger.

L'auteur de la *Pacification générale* s'écriait en 1829, en parlant de la péninsule espagnole et de la presqu'île italienne, ces paroles qu'il ose croire remarquables : « N'est-il pas déplorable de voir » ces beaux pays gémir encore aujourd'hui sous » le double joug de l'oppression sacerdotale et » du despotisme civil ? Ne serait-il pas temps que » les conseils des monarques bienfaiteurs de » leurs semblables, faisant valoir les vrais prin- » cipes, de charité chrétienne et de civilisation » morale, obtinssent, en faveur de ces peuples, la » cessation d'une semblable oppression ? Atten- » dra-t-on que ces peuples, poussés au dernier » degré de désespoir, tentent d'obtenir par la » force ce qu'ils auraient accepté comme un bien- » fait, au risque d'ensanglanter leurs belles con- » trées et d'occasioner une perturbation générale, » à laquelle ne pourraient s'empêcher de prendre » part les puissances les plus rapprochées du » théâtre de cette nouvelle révolution ? Espérons » que les plus sages puissances de l'Europe pren- » dront des mesures capables de prévenir une » pareille catastrophe. »

Une année ne s'est pas écoulée depuis que ces

lignes ont été écrites ; et l'Europe, dont les peuples qui la composent éprouvent une sympathie mutuelle, les uns à l'égard des autres, et se considèrent comme solidaires contre l'oppression et la tyrannie qui pèse sur quelques-uns d'entre eux, et l'Europe, disons-nous, a vu surgir et éclater dans son sein une suite non interrompue de révolutions, dont les germes répandus sur tous les points de sa surface, entretenus et mûris par les efforts même tentés pour les étouffer, ont éclaté presque simultanément : d'abord, la révolution défensive et étonnamment modérée des trois journées de juillet 1830, cette révolution provoquée par le parjure d'un roi *félon*, selon l'expression de l'ancienne féodalité (4) ; puis la révolution des Pays-Bas, rendue violente par une résistance inopportune et impuissante, révolution qui, après avoir été mûrie et préparée de longue main, a démontré la folie diplomatique d'associer à la même domination et à la même législation deux peuples aussi antipathiques de mœurs, de langage, de religion et d'intérêts commerciaux ; elle a vu naître et s'accomplir d'une manière paisible et inaperçue les révolutions de plusieurs petits États de l'Allemagne, qui, sans porter trop d'ombrage aux grandes puissances, n'ont paru au centre de l'empire germanique que comme des symptômes de malaise général produit par la violation des lois fondamentales qui avaient été consenties par leurs souverains respectifs. A ces différentes révolutions a succédé presque immédiatement celle de la péninsule italienne, qui s'est présentée aux yeux de l'Europe attentive sous des formes inoffensives d'organisation municipale, et dans le but de récupérer son ancienne nationalité ; elle n'a paru que comme un météore lumineux, pour être obscurcie presque aussitôt et effacée à demi par la force de l'absolutisme civil et ecclésiastique. Cette révolution italienne avait été précédée par la glorieuse et extraordinairement malheureuse révolution polonaise, dont la défense héroïque et l'anéantissement total auront un long retentissement dans toutes les parties du monde civilisé, et feront peut-être lire sur la carte d'Europe, en jetant un coup d'œil de tristesse sur la vaste étendue de cet ancien royaume : « Ci-gissait la Pologne. » Que dis-je ?... c'est aujourd'hui, plus que jamais, qu'on peut répéter avec vérité : *Non, la nationalité polonaise ne périra pas ;* la génération actuelle assistera à sa résurrection future. Cette illustre nation est destinée à coopérer efficacement au maintien de l'équilibre politique de l'Europe. Sont venues ensuite les révolutions législatives, et légalement sanctionnées, des Iles-Britanniques et de la nation helvétique.

Cette dernière a donné naissance à la petite

révolution anti-monarchique du canton de Neuchâtel, qui jouissait des institutions démocratiques en harmonie avec celles de la Suisse, dont ce canton faisait partie.

Voilà, souverains Monarques, voilà le spectacle qu'a présenté l'Europe, justement mécontente pour avoir été si souvent trompée par vos fallacieux cabinets.

L'auteur de la *Pacification de l'Europe* n'a été que faiblement trompé dans ses espérances, sans l'avoir été dans ses prévisions. Il n'a pas la prétention d'avoir mieux prévu les événemens, que tant d'écrivains politiques, de publicistes distingués, soutenus par la presse libre et périodique. Il ne fallait d'ailleurs que du bon sens et un peu de justesse dans l'esprit pour apercevoir la tendance funeste d'un faux système percé à jour, qui ne se déguise plus. Il ne pouvait y avoir que des cabinets aveuglés, épris de leur propre système, qui refusassent d'ouvrir les yeux à la lumière. Aussi n'ont-ils tenu compte d'aucun avertissement d'amis ou d'ennemis : *Quia Cassandro non creditum est*, *Ilium ruit* (5).

Voyez, Monarques trop abusés, dans quelle nécessité vous vous trouvez engagés de laisser rétrograder votre despotisme oppressif, en attendant qu'il se brise contre toute sorte d'écueils. Ce ne serait pas là un grand malheur pour vous, encore moins pour vos peuples; ce qui en serait un grand, ce serait de voir le despotisme et la tyrannie entraîner dans leur naufrage le principe même de la monarchie, quoique tempérée par des lois fondamentales toutes-puissantes, et par des actes de législation favorables à la prospérité et au bonheur des peuples.

On a dit dans une circonstance solennelle : *Les rois s'en vont*. Et moi, je dis : Non, les rois ne s'en iront pas; ils régneront pour le bonheur, la sécurité et la prospérité des peuples.

A l'appui de mon opinion je citerai celle qu'on trouve dans un journal indépendant et modéré; indépendant et des pouvoirs arbitraires et despotiques, et des factions qui divisent la France et l'Europe. On trouve, dis-je, ce passage significatif : « Toutes ces manifestations, toutes ces divisions » naissent d'une même source, ont une origine » commune. Après tant d'espérances déçues, de » promesses trahies par des gouvernemens qui » ont tout usé, et l'exercice de la force, et l'emploi de la ruse, il est naturel de rêver un ordre » de choses différent et meilleur; les impatiens » doivent se reporter les uns vers la restauration, » les autres vers la république, attendre, espérer » de la force des institutions et d'une administration moins antipathique au pays. Cette alliance » si souvent annoncée et jamais réalisée du pou-

» voir d'un seul et de la liberté de tous, n'est
» peut-être plus en effet qu'une honorable illu-
» sion; mais nous la préférons encore aux réalités
» du système légitimiste avec son escorte d'étran-
» gers, et aux réalités d'un système républicain
» fondé sur la déclaration des droits du représen-
» tant Robespierre. »

J'avais eu la pensée, avant de terminer cette Epître, de jeter quelques idées sur la question des affaires d'Orient; mais, après avoir réfléchi que cette question se rattache à la question plus générale de l'équilibre politique, je me suis réservé de la traiter dans un *nouvel essai* sur l'équilibre politique de l'Europe.

Je termine cette Epître par le résumé des quatre propositions suivantes :

1° Il y aura désormais alliance indissoluble entre la morale et la politique des gouvernemens ;

2° Alliance des souverains avec leurs peuples ;

3° Alliance des souverains entre eux, bienveillante et fraternelle ;

4° Il ne sera pas mis d'entraves à l'alliance naturelle et sympathique des peuples, dans leurs relations commerciales, industrielles, scientifiques et littéraires.

Cette quadruple alliance serait véritablement sainte, et porterait le caractère d'une vraie et solide paix générale, qui laisserait bien loin derrière elle les fameux traités de Munster et de Westphalie.

Voilà, souverains Monarques, les moyens, à ce qu'il me semble, de consolider la monarchie, et de rendre à vos peuples la sécurité et le bonheur que le mauvais système qu'on vous avait fait adopter leur avait enlevé. C'est ainsi que vous restituerez au principe du christianisme toute l'influence sur la civilisation morale des peuples que son divin fondateur s'était proposée.

Veuillez agréer,

SOUVERAINS ET PUISSANS MONARQUES,

L'hommage de mon profond respect.

L'auteur de l'*Essai sur la pacification génerale et l'equilibre politique de l'Europe.*

APPENDICE

CONTENANT

QUELQUES RÉFLEXIONS

SUR

LES CIRCONSTANCES RÉCENTES SURVENUES DEPUIS LA RÉDACTION DE CETTE ÉPITRE.

Vis consili expers mole ruit suâ :
Vim temperatam Di quoque provehunt
In majus : idem odêre vires ;
Omne nefas animo moventes.

Une force dépourvue de direction tombe de son propre poids. Les Dieux se plaisent à faire prospérer une puissance tempérée par de sages institutions. Ils réprouvent une association de forces qui ne médite que le mal.

Les espérances qu'avait fait naître le congrès de Munchengrœtz ont été bien déçues. Au lieu d'une réunion de souverains se livrant à des conférences d'un grand intérêt, hors du cercle de leurs conseillers habituels, l'Europe a vu avec surprise un prétendu congrès des délégués des trente à trente-six princes, prétendus souverains de la Germanie. Ces princes paraissent décidés à abandonner les derniers lambeaux de leur souveraineté, et ce qui leur reste encore de pouvoir, à une diète supérieure de la confédération germanique, qui ne siégerait plus à Francfort-sur-le-Mein, mais bien à Prague, à Vienne ou ailleurs ; qui sait ? Cette combinaison ne rappelle-t-elle pas, d'une manière frappante, l'époque du 18 brumaire, où, pour dissoudre le directoire et les conseils législatifs, le général Bonaparte les transféra à St-Cloud dans les vues de s'attribuer toute l'autorité nationale ?

Voilà donc la diplomatie allemande investie du pouvoir constituant, pour donner une nouvelle organisation au pacte fédéral germanique, de laquelle doit être exclue toute liberté constitutionnelle, comme résultat de la propagande libérale, ainsi que toute indépendance nationale.

On n'a sans doute pas calculé, ou plutôt on a trop bien calculé toute l'étendue du pouvoir immense qui est tombé, comme par hasard, entre les mains de ces faiseurs de protocoles, de ces hommes encroûtés de préjugés gothiques et d'idées rétrogrades, qui, enfoncés très-avant dans le malheureux système qui les entraîne à leur perte, ne voient rien, n'entendent rien de ce qui se passe autour d'eux : *Oculos habent et non videbunt, aures habent et non audient.* Il est juste pourtant, et il convient d'établir une honorable exception en faveur de deux hommes d'état que la Prusse a le bonheur de posséder ; je veux dire MM. Ancillon et Humboldt.

Voilà à quelle réunion d'hommes le sort de l'Europe est en quelque sorte abandonné ! Car, il ne faut pas s'y tromper, le congrès des plénipotentiaires allemands n'aura pas l'Allemagne seule pour objet de ses travaux ; il s'occupera de l'Helvétie, du Portugal, de l'Espagne, de l'Italie, et de la France elle-même, quoique avec plus de réserve. Ne serait-ce pas par hasard dans ce but que les armemens et les levées d'hommes prennent un nouveau degré d'activité en Russie et en Autriche ? qu'on apprend à chaque instant de nouveaux mouvemens de troupes autrichiennes vers le nord et le centre de l'Italie ? que les forces de la Russie s'accumulent et se rapprochent de l'Europe centrale ? N'a-t-on pas témoigné l'intention de réunir tous les princes souverains de l'Italie dans un congrès présidé par le souverain pontife ? Croit-on qu'on eût renoncé momentanément à ce projet, si des obstacles qu'on n'avait pas prévus n'étaient venus le traverser ? C'était un singulier rôle qu'on prétendait faire jouer au chef suprême du culte catholique ! S'il se fût prêté à un pareil projet, ne serait-il pas devenu l'instrument de l'oppression, non-seulement des peuples de la péninsule italienne, mais aussi de toute l'Europe chrétienne? La croyance si honorable pour le christianisme, que cette institution religieuse et véritablement divine n'avait été inspirée à son divin fondateur que dans le but d'en faire la base de la civilisation parmi les hommes; dont elle faisait autant de frères aux yeux de la divinité, et dont elle était destinée à briser les fers, en détruisant tout principe d'esclavage; cette croyance, disons-nous, ne se serait-elle pas évanouie dans l'esprit de tous les peuples chrétiens? Le chef de l'église n'aurait-il pas perdu toute dignité morale? N'aurait-il pas détruit de ses propres mains la considération et le respect dus à la religion dont il est le premier ministre? Consentirait-il à s'abaisser de la hauteur où il est élevé, de la chaire de Saint Pierre, aux fonctions de simple délégué de la puissance autrichienne, dans l'intention de servir, par le peu d'influence morale et religieuse qui lui reste, l'ambition démesurée de cette puissance? Elle est possédée par une dynastie qui remonte jusqu'à un comte d'Absbourg, à qui le duché d'Autriche était tombé en partage, et qui, par son génie, son adresse et son courage militaire, était parvenu, en partie par ses conquêtes, et en plus grande partie par des alliances de famille, à frayer le chemin d'une vaste domination à la maison régnante, dont il était le chef. Ses descendans et nombreux successeurs n'ont pas manqué de suivre, avec la même adresse et la même habileté persévérante, ce plan de conduite politique, qui leur était tracé. Aussi avons-nous vu, pendant bien des siècles, l'Europe agitée de guerres continuelles par les prétentions de cette ambitieuse famille. Cette ambition, nourrie par les alliances d'une maison qui a eu le bonheur inouï de fournir des reines à presque tous les trônes de l'Europe, semble encore n'avoir pas de terme. C'est ce qui a fait dire à quelques hommes instruits, avec lesquels je me suis trouvé en relation à Vienne, pendant que j'y tenais garnison avec le 96e régiment d'infanterie, dont je faisais partie pendant la campagne d'Ulm en 1805; ces hommes, parlant de la politique de leur cabinet, me citaient un distique latin qui peint admirablement cette adroite politique :

Bella gerant alii, tu felix Austria, nubes.
Quod dat Mars aliis, dat tibi blanda Venus.

Pendant que les autres font la guerre, heureuse Autriche, tu fais des mariages. Ce que les autres obtiennent par les armes, tu le reçois de la main de l'aimable Vénus.

Cette ambition autrichienne avait, depuis quelques siècles, sur je ne sais quel prétexte, porté cette famille à se donner le titre fastueux de *Roi des Romains*, se réservant plus tard de le rendre réel et effectif. C'est sans doute dans ce but que l'Italie est surchargée des troupes autrichiennes, qui doivent appuyer, par leur présence et leurs mouvemens, les délibérations du congrès projeté des princes italiens dans Rome, sous la présidence du souverain pontife, ou de tout autre prince, tels que le duc de Modène ou le grand-duc de Toscane, en leur qualité de princes de la maison d'Autriche.

Il faut convenir que ces projets sont assez avancés à cet égard, depuis que l'empereur autrichien a réuni à sa domination les États Vénitiens, la Lombardie, le Milanais, les États de Parme et de Plaisance, et que des princes de sa famille occupent Modène et la Toscane. Qu'on ajoute encore à cet état de choses les dispositions du roi de Piémont, qui semble prêt à abdiquer toute dignité et toute indépendance nationale, et à livrer son pays à l'invasion autrichienne, si on lui en laissait la faculté; et l'on concevra aisément de quelle importance va être pour la France et les autres puissances du midi et du centre de l'Europe de s'opposer avec énergie, d'abord par des remontrances vigoureuses, et, s'il le faut, par la force des armes, à l'exécution d'un pareil dessein, auquel il est temps, dès à présent, de mettre un obstacle invincible. Il y a même si peu de temps à perdre, que déjà l'Allemagne entière est à la veille de succomber sous les serres envahissantes de la double aigle impériale. Et, dans l'Orient, la Grèce, les vastes débris de l'empire ottoman, dont il ne reste debout que l'antique puissance des Pharaons et des Ptolomées, sont sur le point de subir le sort de la Pologne.

Si un attentat aussi énorme pouvait être réalisé, si les libertés de l'Europe et la civilisation tout entière pouvaient devenir la proie de la triple alliance, que j'appellerai le triumvirat européen, dans lequel la sagesse connue du roi de Prusse, qui n'a été jusqu'ici que le *Lépide* de cette monstrueuse association, ne permet plus de le compter, association qui semble avoir pris pour modèle le triumvirat d'Antoine, Octave et Lépide, auquel Horace, dans une de ses odes sublimes, faisait allusion par cette phrase caractéristique : *Iidem odēre vires omne nefas animo moventes* (6); la sagesse, dis-je, du roi de Prusse et de son conseil ne lui permettra plus de faire partie de ce triumvirat, malgré son alliance de famille : si cette usurpation sacrilége pouvait être consommée, l'Europe verrait bientôt ce triumvirat couronné, réduit d'abord à un duumvirat qui, comme Antoine et Octave, après s'être combattus avec acharnement, finirait par le triomphe du *monos** moscovite, seul alors dictateur de l'Europe et de l'Asie, qui, ayant une fois vaincu la demi-barbarie de l'Europe, ferait peser sur elle le complément de la barbarie-asiatique. C'est alors que toute civilisation aurait disparu, que les grands écrivains, que les savans jurisconsultes, que les célèbres publicistes du siècle briseraient leurs plumes. L'Europe entière se trouverait dans la situation de l'empire romain après la bataille d'Actium, situation si bien dépeinte en peu de mots par Tacite : *Postquàm apud Actium bellatum est, magna illa ingenia cessêre* (7).

Je ne mets pas en doute qu'avant qu'un pareil ordre de choses s'établisse, il ne resterait plus une goutte de sang français dans les veines françaises, ni une goutte de sang anglais dans les veines anglaises, versé tout entier pour la noble cause des peuples et l'indépendance de leurs gouvernemens ; je dirais alors, tout pacifique que je suis de mon naturel, comme ce palatin, en pleine diète polonaise : *Malo periculosam libertatem, quàm quietum servitium* (8). Mais je m'abuse peut-être ; il n'est pas possible que tant de folie entre dans l'esprit de ces grands souverains ; ils

* Terme grec qui signifie *seul*, et d'où est dérivé le mot *monarchie*.

résisteront avec fermeté à la voix séduisante de leurs passions, flattées sans cesse par l'ambition de leurs ministres et de leurs courtisans ; ils cèderont aux inspirations de leur conscience d'homme, sans perdre rien de leur dignité. Comme souverains, ils se diront dans le fond de leur âme : *Homo sum et nihil humani à me alienum puto* (9). Plus les grands et moindres souverains de l'Europe, et ceux d'un ordre inférieur, approcheront de cet abîme de malheurs, plus ils sentiront la nécessité impérieuse de s'en écarter le plus loin et le plus vite possible. Les grands monarques de l'Europe s'apercevront qu'il est de leur intérêt de respecter l'indépendance des autres peuples et les droits légitimes de leurs souverains, quelque faible que soit leur puissance, afin que leur souveraineté à eux soit aussi respectée. C'est ici le cas de l'application de ce précepte de la charité chrétienne, qui doit être également un précepte de morale politique : Ne faites pas à autrui ce que vous ne voudriez pas qu'on vous fît. Ils renonceront au principe subversif de l'intervention, qui ne fait qu'empirer la situation du gouvernement en faveur duquel on prétend l'employer, et qui tend à menacer d'une manière funeste l'indépendance des États secondaires, non moins que l'équilibre de l'Europe. La politique anglaise s'efforce de faire prévaloir le principe contraire de la *non-intervention*. Elle fait sagement, parce qu'elle ajoute un grand motif à la considération qui doit s'attacher à un gouvernement qui, respectant les droits des autres, ne craint pas qu'on attaque les siens, au moins sous ce rapport. Elle a été secondée en cela par la politique du gouvernement de Louis-Philippe, autant que sa position a pu le lui permettre. On a reproché au gouvernement français d'avoir laissé fléchir le principe de *non-intervention*, dans son application sur quelques parties de l'Europe; mais, pour être vrai, il faut lui rendre la justice qu'il l'a fait triompher dans la question belge et dans la péninsule hispanique. Car, après tout, il faut être juste, même envers les rois, et leur tenir compte de la difficulté de leur position : à cet égard, je parlerai comme Tacite, *sinè irâ et studio, quorum causas procul habeo*, sans haine et sans affection personnelle, dont les motifs me sont bien étrangers; et je dirai comme ce grand historien : *Otho, mihi, Galba, Vitellius, nec injuriâ nec beneficiis cogniti* (10).

La France reconnaissante devra à la mémoire de Charles X la possession de l'importante colonie d'Afrique, dont il ordonna l'expédition, malgré les obstacles diplomatiques et les insinuations presque menaçantes du cabinet britannique, qui avait cru, en montrant de loin le trident de

Neptune, pouvoir imposer des bornes à la puissance française. Cet ex-roi était alors dans la bonne voie de l'intérêt et de l'honneur national ; mais depuis.....! Nous rendrons également justice à son successeur.

La position du gouvernement de Juillet, après les deux premières années qui l'ont vu naître, était des plus critiques. Entouré d'écueils au-dedans, sourdement et continuellement menacé du dehors, il a préféré ployer comme le roseau devant les orages qui soufflaient du nord et de l'orient, plutôt que de courir la chance de triompher par la force nationale et après une longue effusion de sang humain, ou d'être renversé comme le chêne robuste par la tempête (11).

Espérons que les puissances du Nord, revenues à des sentimens plus modérés et à ceux de leur véritable intérêt et de leur dignité, renonceront à ce système d'intervention armée, qui aurait eu pour résultat d'étendre sur l'Europe entière une vaste hiérarchie de féodalité monarchique, substituée à l'ancienne féodalité seigneuriale, mais conçue sur une plus grande échelle. Cette féodalité aurait fait des rois et des princes quasi-souverains du troisième ordre, les premiers vassaux des rois du second ordre, qui, à leur tour, seraient devenus les grands vassaux de deux grandes puissances, dont l'une aurait été, par la force ou par la faiblesse, soumise à l'autre.

Je parlais tout à l'heure de souveraineté. Je ne puis me dispenser à cette occasion de rappeler ici ce que j'écrivais en 1829 dans mon Essai sur la *pacification générale*; j'ai dit : « La justice » souveraine des rois et des nations, c'est, en » effet, cette justice souveraine, appliquée à tous » les actes de l'autorité des monarques, qui » donne à leur pouvoir la sanction divine, et la » légitimité qui lui est nécessaire; c'est elle qui » est la marque la plus certaine de l'accomplisse- » ment des devoirs de la royauté. »

On pourra peut-être me demander à quel signe certain reconnaît-on cette justice dans les actes de l'autorité royale? On la reconnaîtra par l'approbation que ces actes recevront de l'opinion publique, du suffrage des hommes éclairés, impartiaux et consciencieux; en un mot, par les écrits des moralistes et publicistes de bonne foi, sortis des presses libres, ce qui implique non-seulement la liberté de la presse dans toute son étendue, qui n'a de limites que le désordre et la licence, mais encore le contrôle de l'administration et des actes du gouvernement, dans les gouvernemens parlementaires ou représentatifs, dans lesquels la loi fondamentale et les lois d'organisation qui en découlent nécessairement, jouissent de toute leur vérité et de la plus parfaite sincérité.

De ces principes découle nécessairement et d'une manière absolue la souveraineté nationale, dont l'exercice ordinaire et journalier est délégué aux trois pouvoirs, législatif, exécutif et judiciaire : législatif, composé collectivement des chambres législatives et de la puissance exécutive ; exécutif, composé des différentes branches de l'administration générale, sous la direction suprême du chef de l'État ; judiciaire, composé de toute la hiérarchie de la magistrature française, ayant exclusivement l'application spéciale des lois civiles, criminelles et de police judiciaire. Ces trois pouvoirs, tout en conservant les relations entre eux, fixées par les lois de l'État, jouissent d'une parfaite indépendance dans la sphère de leurs attributions respectives : voilà comment je conçois le mécanisme du gouvernement représentatif. Il n'est ici question que de l'exercice de la souveraineté déléguée. Pour la souveraineté nationale exercée par elle-même, elle n'a lieu que dans les circonstances extraordinaires, et relativement soit à des changemens de dynasties, soit à ceux sur la forme du gouvernement, comme on l'a vu en Angleterre lors de la révolution de 1688, qui a substitué la dynastie des princes *d'Orange*, actuellement régnante, à la famille des *Stuarts*.

Nous avons vu, au commencement de ce siècle, une nouvelle dynastie, sortie des rangs de l'armée française, remplacer sur le trône de Suède et de Norwège l'ancienne dynastie des Gustave-Vasa et des Gustave-Adolphe. Et nous voyons aujourd'hui l'illustre guerrier, chef de cette dynastie, assurer l'indépendance et faire le bonheur de la presqu'île scandinave (12).

C'est encore par suite du même principe que nous avons vu tout récemment la dynastie d'Orléans succéder, sur le trône des Français, à la branche aînée de la famille des Bourbons.

La souveraineté nationale d'un pays peut encore s'exercer légalement, relativement aux abus que le temps a pu introduire et perpétuer dans la législation gouvernementale. C'est ainsi qu'en France les remontrances des anciens parlemens, dont les mœurs et les besoins de la nation avaient consacré l'usage, faute et en l'absence des états-généraux, qu'on s'était dispensé de convoquer depuis une longue suite d'années, obtenaient parfois le redressement de quelques abus trop crians, et empêchaient l'établissement de quelques lois pernicieuses.

Ces usages s'étant étendus dans les provinces,

on a vu en 1788 les cahiers de doléances des trois ordres de l'État provoquer l'assemblée des notables, à laquelle a succédé l'assemblée nationale constituante, qui a jeté en France les fondemens de la monarchie représentative, dans une constitution bien imparfaite sans doute, mais qui, adoptée de bonne foi dans ses bases, aurait été révisée dans les vues de fortifier le pouvoir royal, sans les tentatives si souvent réitérées de contre-révolution ouverte, et l'évasion presque forcée du malheureux Louis XVI : *Indè mali labes*, de là vient le mal.

C'est encore ainsi que, de nos jours, l'opinion toute-puissante en Angleterre, lorsqu'elle est légalement et généralement exprimée, a obtenu du parlement britannique l'émancipation des catholiques d'Irlande et la réforme parlementaire.

La même réforme, sous le titre de réforme électorale, est vivement et généralement sollicitée en France par la voie légale des pétitions collectives et multiples (13).

En résumé, le droit de pétition, c'est-à-dire, le droit d'être entendu, et de fixer l'attention du gouvernement sur les objets d'intérêt privé, ou d'intérêt général : j'appelle *gouvernement* tout le personnel du gouvernement représentatif, la réunion des hommes investis, au nom de la nation, de toute la puissance législative, exécutive et judiciaire ; le droit de faire imprimer et de publier librement ses opinions, sauf toutefois la répression légale des abus de cette liberté, des abus qui ressortent évidemment des expressions, de l'ensemble et des intentions de l'auteur de l'écrit incriminé, et non ceux qui ne sont que le résultat d'inductions, d'interprétations forcées, et de fausses suppositions ; la publicité des débats législatifs et administratifs dans les conseils généraux et municipaux des départemens, ainsi que des débats judiciaires ;

Tels sont les droits et libertés qui font le complément et la garantie de la monarchie représentative.

Je terminerai cette suite de réflexions par l'émission d'un vœu, qui a été présenté plusieurs fois à la tribune française, et dans différentes sessions, par des mandataires qui en sentaient toute l'importance : c'est celui de voir insérer dans la loi électorale une disposition qui accorderait aux conseils généraux des départemens la faculté d'allouer une indemnité équitable de présence à la chambre, à ceux des députés de leur département dont les facultés seraient notoirement connues comme ne leur permettant pas de sacrifier une grande partie de leur temps et de leur fortune à la discussion des intérêts publics, par un séjour prolongé de sept à huit mois dans la capitale du royaume.

Il ne faut pas placer l'homme éclairé et consciencieux, le citoyen dévoué à son pays, entre ses devoirs comme homme public, et ses intérêts privés comme père de famille, qui, comme tel, a aussi de grands devoirs à remplir.

NOTES.

(1) Nous nous en prenons au ciel même dans notre fureur insensée; et notre criminelle audace ne permet pas à Jupiter de déposer sa foudre vengeresse, toujours suspendue sur nos têtes.

(2) Ce nom rappelle à l'auteur de cet écrit les cinq à six mois de captivité qu'il a passés, comme prisonnier de guerre, dans cette forteresse, après la retraite de l'armée de Sambre-et-Meuse de la Franconie, en 1794 ou 1795, autant qu'il peut se le rappeler, n'ayant point sous les yeux les bulletins de cette époque.

Ce qu'il y a eu de particulier dans cette circonstance, c'est que je me suis trouvé prisonnier avec une quinzaine d'autres officiers français sous la garde d'un régiment d'infanterie autrichienne, lequel avait été fait prisonnier par nous, lorsque l'importante place de Luxembourg tomba en notre pouvoir, et dont la garnison, au nombre de 22,000 hommes, fut renvoyée dans l'intérieur des États autrichiens prisonnière de guerre, sur parole de ne pas servir d'un an et jour contre la France; et cela, par capitulation consentie par le général Hâtry, commandant les troupes du siége, dont mon régiment, le 96e d'infanterie, faisait partie. Ainsi nous nous trouvions à Thérésienstadt prisonniers sous la garde de nos propres prisonniers de guerre, qui n'étaient pas encore dégagés de leur parole, à raison de ce que l'année n'était pas expirée.

Je me rappelle encore que parmi nous se trouvait le colonel Forti, commandant le 45e régiment d'infanterie, dans lequel servait avec tant de gloire l'illustre guerrier, *premier grenadier de France*, de la Tour-d'Auvergne, aussi distingué comme littérateur que comme citoyen dévoué à la gloire et à la défense de sa patrie. Ce modèle des guerriers français, après avoir refusé les grades les plus élevés dans l'armée, qui lui étaient offerts par des généraux capables d'apprécier son mérite personnel et sa valeur guerrière, au point de lui confier le commandement d'un bataillon de grenadiers, qui, sous un pareil chef, avait été désigné sous le nom de *la Colonne infernale*, périt glorieusement les armes à la main dans un combat à outrance contre huit ou dix hulans autrichiens. Son corps fut recueilli par les grenadiers de sa compagnie; il reçut des obsèques militaires dignes d'un aussi grand guerrier. Son cœur fut renfermé dans une boîte précieuse; et, depuis cette fatale époque, dans tous les appels de la compagnie dont il avait fait partie et qu'il avait longtemps commandée, son nom était appelé comme s'il avait été présent, et le grenadier qui portait son cœur répondait : *Mort au champ d'honneur*.

Il serait digne du Roi-citoyen que la France possède, et du ministre qui dirige les armées françaises, après avoir eu beaucoup de part à la gloire nationale, de faire revivre cette institution philanthropique, religieuse et nationale, dans le corps qui porte aujourd'hui le n° 45. Ce serait pour notre jeune armée une tradition de gloire française qui se perpétuerait d'âge en âge.

(3) L'homme juste et inébranlable dans ses résolutions n'est épouvanté ni par les clameurs séditieuses d'un peuple irrité, ni par l'aspect menaçant d'un tyran redoutable.

(4) Je me trouve heureux de sympathiser de prévisions, et jusqu'à un certain point, d'opinions politiques, avec le premier écrivain de l'époque actuelle, l'illustre auteur du *Génie du Christianisme.*

Voici comment M. de Châteaubriand s'exprimait au mois de mars 1831, sur les conséquences de la révolution de juillet :

« Il ne peut résulter des journées de juillet, à une époque
» plus ou moins reculée, que des républiques permanentes,
» ou des gouvernemens militaires passagers, que remplace-
» rait le chaos. Les rois pourraient encore sauver l'ordre et
» la monarchie en faisant les concessions nécessaires. Les
» feront-ils? Point ne le pense. »

Dans un autre endroit de sa brochure intitulée *De la Restauration et de la Monarchie élective*, il ajoute : « La couronne
» doit tenir sa parole; quand elle y manque, les sujets ou
» les citoyens sont dégagés de la leur. »

Cette maxime du droit public est empruntée au code des lois fondamentales qui régissaient la monarchie espagnole sous les rois de Castille et d'Aragon, qui promettaient, par serment, lors de leur couronnement, de gouverner dans l'intérêt de la nation, et conformément aux lois, libertés et franchises du royaume; les sujets leur promettaient à ces conditions obéissance; *sinon*, *non.*

(5) Ilium a été détruite parce qu'on n'a pas voulu croire aux prédictions de Cassandre

(6) Ils (les dieux) réprouvent toute association de forces qui ne méditent que le mal

(7) Après la bataille d'Actium, ces grands génies cessèrent d'écrire.

(8) Je préfère une liberté accompagnée de dangers à la tranquillité de la servitude.

(9) Je suis homme, et rien de ce qui tient à l'humanité ne m'est étranger.

(10) Galba, Othon, Vitellius ne me sont connus ni par des offenses, ni par des bienfaits.

(11) *Extrait du discours d'ouverture de la diète suédoise, prononcé, le* 30 *janvier* 1834, *par le roi Charles-Jean Ier :* « Le premier devoir des gouvernemens et des représentations nationales consiste à assurer à tous les citoyens la jouissance paisible de leurs droits et de leurs propriétés. Tout languit lorsque le signe représentatif n'a point de fixité. Hâtons-nous de donner à ceux qui possèdent, une garantie pour la conservation de ce qu'ils ont acquis. Assurons à toutes les existences encouragemens et secours. Ouvrons une perspective pour le travail, l'activité et l'économie. Reconnaissons qu'un bon système financier est un des premiers principes qu'un Etat doit adopter, s'il veut perpétuer sa durée. Améliorons et soutenons l'agriculture et l'industrie. C'est alors que nous recevrons, en échange de nos produits, ce que peuvent nous fournir tous les pays au-delà des mers. L'intérêt particulier doit se confondre dans l'intérêt général. La nécessité commande que l'ordre politique et que le système financier marchent de concert.

» Nous ne remplissons jamais mieux nos devoirs envers nous-mêmes qu'en nous rappelant que ceux qui viennent après nous doivent en recueillir les fruits. L'avenir de l'homme ici-bas est la mort. L'avenir des nations est la vie. Ainsi l'homme, en travaillant pour lui, travaille encore plus pour la nation dont il fait partie.

» En prêtant serment à notre pacte fondamental, il y a près d'un quart de siècle, je vous dis que ce n'était pas seulement l'étendue d'un Etat qui en constitue la force et l'indépendance, mais aussi ses lois, son commerce, son industrie, et, par-dessus tout, son esprit national. Je vous répète maintenant ces vérités.

» Indépendance, paix et amitié au dehors, tranquillité dans l'intérieur, respect et obéissance aux lois : voilà ce que la Suède et la Norwège présentent à l'Europe.

» Je prie le ciel de bénir vos travaux, et je vous renouvelle l'assurance de toute mon affection et de ma bienveillance royale. »

A la suite de ce discours, le chancelier de la cour baron *Schulzenheim* prononça, sur la politique du roi de Suède, un exposé où l'on trouve les paroles suivantes :

« Ce système des relations extérieures du roi s'est constam-
» ment appuyé sur la probité politique, sur l'indépendance
» nationale absolue, et sur un principe général d'ordre et de
» stabilité.

» Il y a dans la *probité politique* autant un devoir qu'un
» intérêt bien entendu ; car la bonne foi et la loyauté sont
» des devoirs pour toutes les nations civilisées, et l'expé-
» rience atteste qu'une politique tortueuse ne saurait aboutir
» qu'à des avantages incertains, tandis que la franchise et
» la fixité finissent toujours par établir entre les gouverne-
» mens des rapports solides et permanens. »

Il est dommage pour les projets du comité directeur de la propagande anti-libérale siégeant à Vienne en Autriche, que la presqu'île scandinave et les îles britanniques ne fassent pas partie du continent européen ; elles seraient sommées de se réunir à la triple ou quadruple alliance, sous peine d'être traitées comme propagandistes libérales.

(12) Lorsque, il y a près de deux mois, je traçais ces lignes quasi-justificatives de la politique extérieure du gouvernement de juillet, je ne m'attendais guère à trouver dans un journal une lettre de Vienne, du 6 février 1834, contenant des révélations sur de nouvelles et bien autrement importantes concessions que celles qui ont été faites jusqu'à présent.

Serait-il vrai, par exemple, que le cabinet des Tuileries ferait actuellement partie, ou serait disposé, d'après des promesses formelles, à faire partie intégrante d'une alliance qui deviendrait quadruple, de triple qu'elle était auparavant? Serait-il vrai que l'objet essentiel de cette nouvelle alliance serait d'*unir plus étroitement la politique de la France à celle des trois autres cabinets, pour tout ce qui regarde la propagande et la répression des propagandistes, de quelque rang et de quelque nation qu'ils soient?* Serait-il vrai que *le cabinet autrichien serait d'accord avec la France pour le cas où des secours seraient nécessaires?* Non, cela n'est pas possible. Toutes ces suppositions paraissent n'avoir d'autre but que, 1° de rompre l'alliance qui existe entre la France et l'Angleterre; 2° de rendre Louis-Philippe et son cabinet de plus en plus odieux à la nation française (*), afin de profiter des troubles qui naîtraient nécessairement d'une rupture désorganisatrice, suite de pareilles imputations fondées ou non; 3° en cas que le cabinet français résistât avec fermeté aux insinuations trompeuses et peut-être menaçantes qui lui seraient suggérées, de paralyser du moins les forces im-

(*) Ceci fait allusion à beaucoup d'autres lettres antérieures, datées de Vienne, de Berlin et de Pétersbourg, insérées dans la *Gazette d'Augsbourg*, et capables de produire ce mauvais effet.

menses que la France pourrait opposer à l'exécution des résolutions *promptes*, *vigoureuses et unanimes* de la conférence, c'est-à-dire du comité directeur de la propagande armée, de l'absolutisme.

Le chef du gouvernement de juillet ne sera pas assez ennemi de son autorité constitutionnelle et nationale, je dirai même de sa propre dynastie, pour abdiquer ainsi l'indépendance de la couronne des Français; il n'oubliera pas, sans doute, les principes de dignité et d'indépendance nationale en vertu desquels Hugues Capet, premier prince de la race dont il tire son origine, parvint à la couronne à la fin du dixième siècle, au préjudice de Charles, duc de Lorraine, fils de Louis d'Outre-mer.

Ecoutons à cet égard le savant et judicieux auteur, *quoique* jésuite, du *Cours d'Histoire à l'usage de la jeunesse* : « Charles » en se faisant vassal de l'empire d'Occident, qui, des » princes issus de Charlemagne, venait de passer à une » maison allemande, s'était rendu odieux aux Français. » Cette aversion, jointe à l'habileté avec laquelle Hugues » Capet sut se prévaloir des circonstances, fit pencher la » balance en sa faveur, et d'un commun accord on lui déféra » la couronne. En vain le duc de Lorraine arma-t-il pour » appuyer les droits que lui donnait sa naissance : Hugues » Capet, soutenu de l'affection des peuples, déconcerta » toutes ses mesures. Pour comble d'infortune, Charles fut » surpris dans la ville de Laon, et tomba dans les mains de » son compétiteur, qui s'assura ainsi la paisible possession » du royaume. »

J'ai eu le malheur de prévoir juste, quand j'ai dit dans mes *Réflexions*, postérieures à la rédaction de cette *Epître*, que le congrès des plénipotentiaires allemands ne s'en tiendrait pas à l'Allemagne seule, comme objet de ses travaux ;

qu'il comprendrait la France dans le vaste horizon de ses combinaisons politiques.

Des esprits défians pourraient peut-être trouver un rapprochement significatif entre les assommeurs de la police de Paris et les *résolutions promptes*, *vigoureuses et unanimes* de la conférence de Vienne, ainsi qu'avec cette assertion de la lettre que j'ai citée : « Le roi Philippe est, dit-on, plus fort » que jamais ; il dispose comme il lui plaît de son parle- » ment ; il promet les choses les plus merveilleuses pour le » courant de l'année ; et, ce qui surprend tout le monde, » il a inspiré une sorte de confiance à l'empereur de » Russie. »

Cependant on voit que l'auteur de la lettre ne paraît pas croire lui-même à la vérité de toutes ces promesses diplomatiques, par le style de persiflage qu'il emploie pour en rendre compte : « Il promet, dit-il, les choses les plus merveil- » leuses pour le courant de l'année. »

On trouve encore dans la lettre en question ce passage, qui justifie pleinement ce que je disais dans mes Réflexions au sujet du congrès projeté des princes italiens, pour former une confédération dans cette péninsule : « Un fait non moins » important, c'est que tous les souverains de l'Italie se ratta- » chent de plus en plus à la politique de l'empereur. Une » fédération générale n'est pas encore mûre, mais grand » nombre de conventions particulières atteignent déjà le » même but, soit en statuant sur les éventualités possibles, » soit en réglant les rapports actuels. »

Voilà ce que j'écrivais il y a plus de deux mois : « Croit-on » qu'on eût renoncé momentanément à ce projet, si des » obstacles qu'on n'avait pas prévus n'étaient venus le » traverser ? »

On dit aujourd'hui, à en croire l'auteur de la lettre de

Vienne : « Une fédération générale n'est pas encore mûre , » quoiqu'on se flatte que tous les princes souverains de l'Italie *se rattachent de plus en plus à la politique de l'empereur*. Mais on ajoute en style des protocoles de la chancellerie autrichienne , que grand nombre de conventions particulières atteignent déjà le même but , etc. Sans doute ces conventions particulières sont là comme des pierres d'attente, pour le nouvel édifice qu'on veut élever.

Il est dit dans la même lettre, qui paraît émanée de la chancellerie autrichienne, et écrite par un homme bien informé, que, malgré mille difficultés et la multitude des intérêts à concilier, les résolutions de la conférence seront *promptes, vigoureuses et unanimes sur les grands objets qui lui sont soumis*.

On doit remarquer quelques contradictions résultantes de *mille difficultés* à aplanir, et la *multitude des intérêts à concilier* d'une part, et les résolutions de la conférence, qui seront *promptes, vigoureuses et surtout unanimes*, malgré l'absence du plénipotentiaire de la Prusse, dont les feuilles publiques ont annoncé depuis le rétablissement et son prochain départ pour Vienne. *Iniquitas mentita est sibi.*

A un langage aussi impérativement absolu ne se croirait-on pas ramené au temps du comité de salut public et de sûreté générale de la Convention nationale ?

Il n'y aura donc dans cette réunion des plénipotentiaires allemands ni indépendance, ni liberté de discussion, ni véritable délibération sur les *grands objets qui leur sont soumis*, ni scrupule à laisser ainsi périmer les pouvoirs et la souveraineté de leurs princes respectifs, que les directeurs en chef de ce prétendu congrès semblent ranger d'avance parmi les propagandistes désignés par ce membre de phrase : *De quelque rang et de quelque nation qu'ils soient.*

Croit-on qu'il soit probable que M. Ancillon soit parti pour le congrès de Vienne, avec l'intention de sanctionner de son vote et de celui du cabinet de Berlin, dont il serait porteur, les fameuses résolutions *promptes*, *vigoureuses et unanimes* de la conférence? Ira-t-il placer, au nom de son souverain, la couronne dictatoriale de la Germanie sur la tête de l'empereur d'Autriche?

(13) Au lieu de faire droit à un vœu aussi généralement exprimé, on discute dans les chambres législatives françaises une loi contre les associations. On tente de mettre en interdit la société tout entière. On attaque insolemment les droits naturels, civils et politiques de tous les membres de la cité, qui n'existe que par l'union des citoyens qui la composent; car *civitas* ne signifie autre chose que *civium unitas*. On essaie d'en dissoudre l'unité et d'y porter par le fait le désordre et l'anarchie.

On pourrait appliquer à la chambre élective du parlement français ce que Tibère disait du sénat romain qui s'était précipité dans la servitude :

Oh! homines ad servitutem nati!

On pourrait également dire du parti puissant qui les pousse dans les abîmes, en s'y précipitant lui-même, que la providence divine, avant de punir les oppresseurs de l'humanité, les frappe de vertige : *Quos vult perdere insanos facit.*

BIBLIOT... E ROYALE

Poitiers. — Imp. de F.-A. Saurin.

www.ingramcontent.com/pod-product-compliance
Lightning Source LLC
LaVergne TN
LVHW022026080426
835513LV00009B/894
9782013528047